早稲田教育ブックレット No. 19

教科化でどう変わる？道徳教育の課題と展望

表紙写真：Moral by Nick Youngson/CC BY-SA 3.0 Alpha Stock Images（http://alphastockimages.com/）

はじめに

二〇一五年三月に文部科学省が告示した「学校教育法施行規則の一部を改正する省令」および「学習指導要領」の一部改正によって、これまで各教科、特別教育活動、学校行事とならんで教育課程を構成する領域の一つと位置づけられてきた「道徳の時間」は、小学校では二〇一八年度より、中学校では二〇一九年度より、「特別の教科 道徳」に転換・移行されることとなりました。必ずしも唯一無二の解決策には収斂しない道徳的課題と真摯に向き合い、多様な価値観に基づいた意見に広く耳を傾け、多面的多角的に「考え、議論する道徳」の理念が強く掲げられたことは、注目に値するでしょう。広い視野を持ち、具体的に、そして主体的に「考え、議論する」ことを可能にするには、どのような「問い」、教材、指導が必要でしょうか？ 適切な評価は可能でしょうか？ 教員に対して新たにどのようなことが期待されるのでしょうか？

本書は、二〇一七年一二月一六日、早稲田大学教育総合研究所の主催のもと、同大学教育学部、大学院教育学研究科、大学院教職研究科、教職支援センターの共催を得て、「教育最前線講演会シリーズ二六」として開催された座談会「教科化でどう変わる？ 道徳教育の課題と展望」の録音をもとに文字起こしし、口語調を残しながらも読み物として必要な最低限の体裁を整えるべく、発言の趣旨にかかわらない範囲で字句を修正し、繰り返しを省くなどの整理をしてまとめたものです。この場を借りて、学外からご登壇くださった先生方、準備に万全を尽くしてくださった教育総合研究所関係者各位、来場者の方々にお礼申し上げます。

「特別の教科　道徳」の実施を目前に、道徳教育の教科化のねらいと課題について理解を深め、今後の教育実践を展望すべく、文部科学省の担当調査官と全日本中学校道徳教育研究会会長をつとめるベテラン校長から話題提供をいただいたうえで、登壇者五名による座談会形式で議論を試みました。幸い、多数の来場者からも積極的に質問が寄せられ、議論もある程度の深まりを見せたように思われます。とはいえ、必ずしも議論がかみ合っていたとは言いきれないかもしれません。来場者に対するアンケートでも、理論と実践の間の乖離、実務家と研究者のものの見方のずれを指摘するものが散見されました。優れた実践家は、しばしば、貴重な体験と深い想いを対象化して十全に語る客観的な言葉を持ちません。研究者は、おうおうにして、真に語るべき体験や想いを欠いています。この溝を埋め、両者をつなぐ努力は、これまでも求められてきましたし、現在も、そして将来においても、変わることなく求められ続けることでしょう。このことは、道徳教育に限らず、教育全般について言うことができると思われます。日々の教育実践の中で蓄積され続けている知を、いかに言葉に変換して広く共有しうる形にできるか、まさにこの点に、教員養成にかかわる学としての教育学の主要な使命の一つがあると言ってもよいでしょう。

もとより、道徳教育をめぐる議論には、どれほど議論を重ねても尽くしきれない深みがあります。本書が、これからの道徳教育を考え、実践していくうえで、ささやかな灯火の役割を演じることができますならば、企画に携わったものとして、それにまさる喜びはありません。

二〇一八年一月三〇日

早稲田大学教育・総合科学学術院教授　岡田　芳廣
早稲田大学教育・総合科学学術院教授　坂倉　裕治

話題提供

岡田：皆さんこんにちは。早稲田大学教育・総合科学学術院の岡田芳廣です。本日は坂倉裕治先生と二人で司会をつとめます。よろしくお願いします。まず、本日の進め方についてご説明します。はじめに、国立教育政策研究所調査官、文部科学省の教科調査官の澤田浩一先生と、杉並区立西宮中学校の校長先生で、全日本中学校道徳教育研究会の会長をつとめられている由井良昌先生に、話題提供という形で一五分程度お話しいただきます。その後、足立区立第十中学校で勤務二年目の若手教諭である木田美友紀先生、司会の二名を加えて、五名の座談会形式で議論します。休憩をはさんで、フロアの皆さんからもご意見・ご質問をいただいて、さらに議論を深めて参りたいと思いますので、ご協力をお願いします。それでは、澤田先生、よろしくお願いいたします。

話題提供一　澤田浩一先生「『特別の教科 道徳』について」

澤田：皆さんこんにちは。今回の「特別の教科」化のアウトラインを一五分ほどでお話しさせていただきたいと思います。「道徳の内容は、教師と生徒が人間としてのよりよい生き方を求め、共に考え、共に語り合い、その実行に努めるための共通の課題です」。この言葉は小学校でも中学校でも、道徳の時間が特設されたときに指導書に記された言葉です。実行に努める共通の課題を共に考えて、共に語り合う時間であることが示されています。道徳の時間の特設は昭和三三年の九月にさかのぼりますので、五九年少したっていることになります。このたび、六〇年を一つの節目として「特別の教科」となるわけです。これによって、教科書、評価、免許の三点で、なにが変わるのか、ということに興味を持たれたと思います。この三点が教科と同じになれば、「特別の教科」ではなくて「教科道徳」になったはずです。実際には、教科に近づいたと言えるのは、この三点のうち一つと半分です。まず検定教科書を作成して無償配布することになりました。現在中学校用の教科書の検定が行われており、小学校用のものは採択が終わっています。評価については、数値的な評定評価をするのではなく、記述式で行うことになりました。この点は半分ぐらい教科に近づいたと言えます。これらに対して、専門免許については、道徳は学級担任が担当することが望ましいとし、引き続き専門の免許を設けないという形になっています。

それ以外の面では、いじめの問題への対応が「特別の教科」化のきっかけですから、それに合わせた内容の充実が図られます。また、授業の形骸化が指摘されているので、新しい指導方法も積極的に取り入れていきます。「答えが一つではない課題に子どもたちが道徳的に向き合い、考え、議論する道徳教育への転換により児童生徒の道徳性を育む」と、最初にアナウンスさせていただいています。「考え、議論する」というところが大きく報道されたところです。

課題として、量的な確保と質的な転換の両方を目指しております。皆さん自身が小学校、中学校で年間三五時間、道徳の授業を受けたかを振り返っていただくと、いかがだったでしょうか。量的な確保は一つの課題です。教科書の配布は量的な確保につながると考えられています。ただ量的な確保だけではなく、内容の充実も大切で、質的転換を図っていく必要があります。そのとき、効果的な指導方法の共有と、地域間、学校間、教師間のばらつきが大きいという課題があり

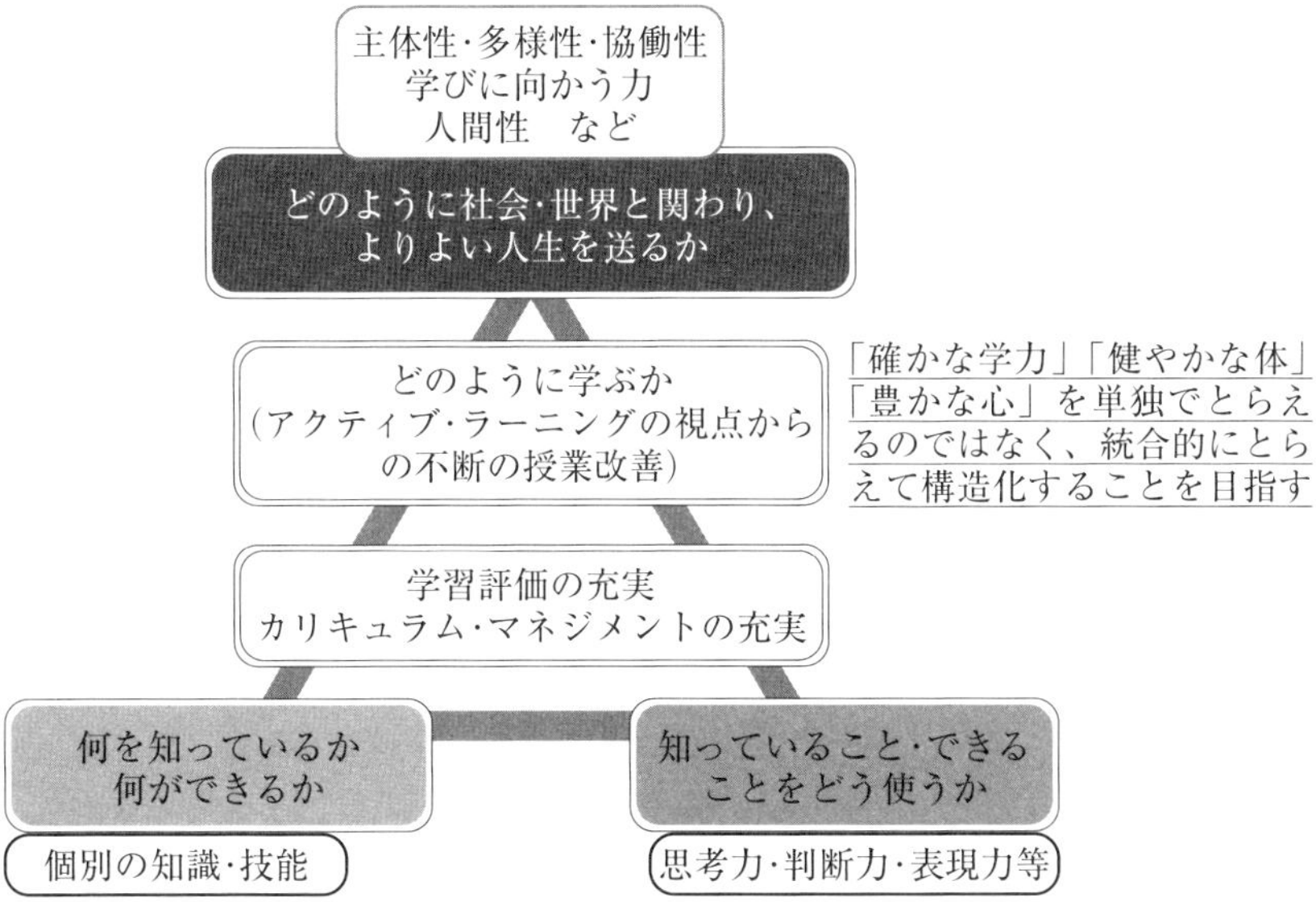

図1　育成すべき資質・能力の三つの柱

出所）文部科学省初等中等教育局教育課程課「初等中等教育における創造性の涵養と知的財産の意義の理解に向けて——知的財産に関わる資質・能力の育成——」6ページより
http://www.mext.go.jp/b_menu/shingi/chukyo/chukyo3/061/siryo/__icsFiles/afieldfile/2016/06/02/1371489_1_3.pdf

ます。また、授業がどうも定型的なものになっているという課題もあります。学年が上がるにつれて、道徳の時間に関する児童生徒の受け止め状況がよくないという問題です。

　今回の学習指導要領（道徳）で、繰り返し現れる、一番たくさん使われているのが「発達の段階に応じて」という言葉だそうです。ここで、大前提として、「道徳教育の本来の使命に鑑みれば、特定の価値観を押し付けたり、主体性を持たず言われるままに行動するように指導したりすることは、道徳教育の目指す方向の対極にあるものと言わなければならない」という、この点を確認しておきたいと思います。「多様な価値観の、時に対立がある場合を含めて、誠実にそれらの価値に向き合い、道徳としての問題を考え続ける姿勢こそ道徳教育で養うべき基本的資質である」。道徳の特別の教科化は全体の学習指導要領の改訂の趣旨を、先取りしているような形になっています。むしろ道徳科の時間が次期学習指導要領の基本的な性格をよく表していると、私は考えています。

今回は、「育成すべき資質・能力の三つの柱」として整理されています（図1）。知識・技能と、思考・判断・表現、評価の観点でいくと「主体的に学習に取り組む態度」という言い方をしています。評価の観点では、以上の学力の三要素に合わせた形で動いていくわけです。「確かな学力」、「健やかな体」、「豊かな心」を単独で捉えるのではなくて、統合的に捉えて構造化することを目指し、「生きる力」を資質・能力に整理します。そのときに、「人間性」というところに道徳性が入っているわけです。ここでご注意いただきたいのは、基本計画では自立、協働、創造がキーワードになっているのですけれども、ここに多様性が入っていることです。道徳というと、みんな同じにしていくというように思われがちですけれども、むしろ一人ひとりの違いをきちんと認めていこうと考えています。主体性、多様性、協働性を重視しています。

深刻ないじめ問題や決まった正解のない予測困難な時代への対応を掲げています。道徳の時間は決まりきったことを最後に言わせる授業ではないか、始まった途端に結論が見えていて、「先生はこれを言ってほしいのではないか」と、答え探しをするというイメージを変えていかなければなりません。自らの人生や社会における、答えが定まっていない問いを受けとめて、多様な他者と議論を重ねて探求し、「納得解」、自分自身も周囲も納得できる解、必ずしも同じ一つの解ではなく、自分らしい解を得るための資質・能力が求められます。これらが背景になっていて、今回の「特別の教科」化が考えられています。

文部科学省では「道徳教育アーカイブ」を公開しており、そこで小学校の授業を四本、中学校の授業を二本公開しています（https://doutoku.mext.go.jp/html/about.html#movie）。「いじめ」という、最も現代的な課題を取り扱った授業です。また、三年生の最後に、「本当の幸せとは何だろう」というテーマで生徒さんたちに考えてもらった授業があります。今までのように何か一つの内容があって、それを話していくというスタイルではなく、子どもたちの発言の中から、本当の幸せとは何だろうと考えさせるような授業を公開しています。

道徳はこのように変わり、「道徳的諸価値についての理解を基に、自己を見つめ、物事を広い視野から多面的・多角的に考え、小学校では自己の、中学校では人間としての生き方についての考えを深める学習を通して、道徳的な判断力、心情、実践意欲と態度を育てる」というのが、今度の新しい目標になっています。目標の先には、「自立した人間として他者と共によりよく生きる」という行動があるわけです。そういう実践ができるような基盤となる道徳性は、内面的な心の中の、見えない部分です。しかもこの道徳性自体が、どういう成り立ちをしているかということについては、今、脳科学や心理学の分野を中心に発展しています。内面的なものを育てるために、こうした学習活動の中で道徳的な諸価値を使いながら、生き方についての考えを深める学習を行っていきます。行ったり来たり、ぐるぐるします。自分自身を見つめ自分のこととして考えていくことと、友だちの意見を聞きながら、一面的な立場から離れて、自分を多面的多角的に考えられるような児童生徒を育てることが目標になっています。

道徳の内容は、中学校で二二項目、小学校の低学年でも一九項目あり、もりだくさんの内容があります。決して規範意識だけというわけではなく、自分自身に関すること、人との関わりに関すること、集団や社会との関わりに関すること、生命や自然、崇高なものとの関わりに関することと、内容が多岐にわたっています。そして教師と生徒が人間としてのよりよい生き方を求め、共に考え、共に語り合い、実行に努めるための共通の課題であると規定しています。

道徳性は諸様相を持ち、その様相は独立した特性ではなく、相互に深く関連しながら構成されています。昭和三三年以来、道徳的な判断をする力、道徳的な心情、道徳的な実践意欲と態度という形で、道徳性がこれらの様相を持っていると説明してきました。

先ほど、「発達の段階に応じて」という話をしました。学童期のうちでも、小学校一～三年生と、四年生から中学校一年生ぐらいまでは明らかに違います。道徳性にも発達の段階があります。中学校二～三年生の段階に合わせた道徳の授業を、これから作っていかなくてはならないと思っているところです。アクティブ・ラーニングは、「主体的・対話的で深い学び」と言い換えられるようになっています。特に「深い学び」というところに特徴があります。道徳科の授業を構想するにあたっては、「授業で何を考えさせるかを考える。すっきりとした一つの正解にたどり着く問いではなくて、行き詰まり、モヤモヤして難しいけれど、考え続けたい問いを探します。さまざまな意見を聴き、自己と対話します。自由な発言が受容され、互いの個性を認め合う温かい雰囲気の中で、道徳的価値と自己の生き方との間を行ったり来たりしながら、一人ひとりが自分にとって大切なものに気付いていける授業を目指しています」。「道徳の時間」が「道徳科」に変わることによって、児童生徒のために、より本当に自分の人生の糧になるような学習ができる時間になってほしいと、担当者としては思っているところです。

一五分ほどですが、全く笑いのないお話をしてしまい、本当に申し訳ないと思っています。少し前にやっていた「ひよっこ」というドラマの舞台が、架空の奥茨城村という村でしたけれど、私はまさに奥茨城村というロケ地の辺りの出身です。自分の方言でしゃべりますと、皆さんはほとんど理解できないかもしれないと思います。座談会では、皆さんにきちんと通じる言葉で、お話ししたいと思っていますので、どうぞよろしくお願いいたします。

岡田：澤田先生どうもありがとうございました。続いて、由井先生よろしくお願いいたします。

話題提供二　由井良昌先生「教科化に向けた学校現場の状況について」

由井：こんにちは。由井と申します。よろしくお願いします。まず自己紹介をさせていただきますと、東京の杉並区立西宮中学校の校長で今年一年目です。都立西高校まで歩いて二分ぐらいのところで、西高校に入る生徒数が都内で一番多い学校です。その前は小中一貫教育校の校長を一人でつとめ、児童生徒数七五〇人ぐらいのところにおりました。もともと東京の生まれで、まず、東京都北区で教員としてつとめました。昭和五八年からです。皆さんご存じのとおり、昭和五四年ぐらいから六〇年の初めぐらいまでは、全国的に校内暴力が荒れ狂った時代です。実感のある方も何人かいらっしゃるようですけれども、学生の皆さんはおわかりではないと思います。このころ中学校では、生徒が廊下を自転車で走り回り、ガラス窓が割れていました。私がつとめた学校も同じようだったと思っています。私は生活指導を中心に担当したわけですけれども、たまたまその学校が道徳の研究をする学校でした。悪さをした生徒を呼んで、「君、そんなことやっちゃ駄目じゃないか」と生徒指導を行います。これはすごく丁寧な言葉です。もっとすごい言葉で言うときもあります。そういうことを言ってモグラたたきをしても、いくらやってもあまり変わらないので、心のほう、内面的なところを変えていくほうが、効果があるのではないかということで道徳を始めました。教員になってから道徳を少しずつ勉強しているという人間です。

本日、私に与えられた課題は、教科化に向けた学校現場の状況ということです。澤田先生がおっしゃっていましたけれども、「特別の教科」ではなくて「教科」になると、検定教科書、観点別評価、教員免許が出てきます。ところが「特別の教科」なので、検定教科書と、観点別でない個人内のよさを認める評価になったということです。

先ほどの三つのうち学校現場で準備をするのは何かというと、検定教科書は教育委員会が採択するので学校現場は何もできません。免許も取得できません。できるのは評価だけです。しかし、評価だけしても仕方ありません。皆さんが学んでいるとおり、指導と評価は一体ですから、指導をしっかりやりましょうということです。道徳科の指導方法については、平成二八年七月二二日に専門家会議から「質の高い多様な指導方法」が提示されました。澤田先生がおっしゃっていた質の問題と、もう一つは量の問題です。実際、道徳の時間が週に一回あるけれども、その時間に何が行われているかというところも不安がすごく大きいわけです。各学校は文部科学省に、どういうふうに道徳を実施したかということを、きちんと数字を上げて報告しています。もちろん年三五時間以上になっています。けれども、内容的に大丈夫なのか、問題です。テレビを観て終わってしまったり、この時間に運動会の選手を決めてしまったりしているといった運用の可能性があります。そこで、道徳の副読本を使ったり、文部科学省の資料を使ったりした授業を三五時間実施すること、質の高い指導方法を展開することが大切です。この辺りのことは、座談会でも話が出ると思います。ここでは、本校の取り組みを紹介します。着任して、一学期の初めの道徳の授業を見に行きました。やはり、ある学年がきちんとやっていませんでした。すぐに学年主任を呼んで、これから道徳は、きちんと年間指導計画に基づいてやるように指示しました。それだけでは言うことを聞かない人もいるので、「年間指導計画どおりにやるのでもいいし、あるいは教材を変えたい場合もあるでしょう。それはまだ教科化に向けた準備だから認める。教材を変えたというのも含めて、どういう教材を使って、どういう指導案で授業をするのか、それを少なくとも一週間前には私に見せなさい」というふうに変えました。初め、先生方はびっくりしていました。副読本会社が配っているCD－ROMには指導略案も入っています。その副読本会社のCD－ROMに収められている教員の発問は、大体どこでも使えるように発問数が多くなっています。書かせるところが五つぐらいあります。そんなことやったら時間が足りないので、吟味しなさいと言い始めると、それをプリントアウトして持ってくるだけだった教員が、一学期から始めて一二月になると、発問を三つぐらいにして持ってくるようになりました。そのような教員が、道徳教育の推進担当となり、学年全体に話をするようになってきたので、だいぶ先が見えてきたと思います。質のほうはかなり難しい話です。この点は、澤田先生も触れておられました。

「考え、議論する道徳」ということで、この後進むのですが、質的転換として三つの学習の形を考えています。①読み物教材の登場人物への自我関与が中心となる学習、②問題解決的な学習、③道徳的行為に関する体験的な学習です。この中には中学校の先生になる方や、その関係の方が多いのでしょうけれども、学校現場ということで小中合わせて話をすると、東京都の小学校の道徳の授業というのは、今までほぼ型にはまっていました。「展開前段」などという言葉は学習指導要領にはないのですけれども、展開前段は教材について考えていき、展開後段は、今までの自分はどうだったのだろうかということを考えていくという、ほぼそれで授業が行われていました。これが①に近い形です。自我関与、つまり自分事として考えてみなさいという授業が行われてきたと思います。中学校も①に近いものが多かったと思います。それが②問題解決的な学習と、③道徳的行為に関する体験的な学習の導入が今進みつつあります。問題解決の学習については、いろいろ話題になっています。道徳的な行為については、ロールプレイや議論をすることになります。指導にあたって「道徳科の特質を踏まえる」というのは、後ほども触れますけれども、道徳は道徳的諸価値の理解を基にしなければならないということです。道徳的な価値が抜けてしまって、ただ話し合いだけすればいいとか、ただ問題解決だけすればいいというのでは、少し違うと私は思っています。時間の関係で道徳科の目標については割愛します。

学校でどんなことをしているのかというと、まず、発問を吟味しています。ワークシートを利用して、どうやって発問を組み立てるのかを考えていくようにしています。場面発問とテーマ発問で、発問の仕方はずいぶん違います。場面発問は教材に沿って発問していき、テーマ発問は全体を発問していくというように、変化をつけています。具体的にどんなことをしているのかというと、「二通の手紙」という中学校では定番の、文科省が出している『私たちの道徳』にも出ている教材を例に説明してみましょう。一一月に三宅島に行って、三宅中の授業を見てきました。そこでは、非常にすっきりした発問をされていました。発問というのは学校や子どもの実態によって変わってくると思うので、その実態に合ったものが一番いいのだと思います。ただ先ほど言った、道徳的諸価値の理解を基にというところが抜けているとよくないと思います。

私が勤務校で教員に話したことを紹介しましょう。事前に資料を読ませておいて、一番気になったところに線を引かせておきます。いわゆる道徳科の宿題です。「さて、どんなところが気になった」と発問します。「二通の手紙」という教材では、動物園に入りたいというお姉さんと弟が登場します。動物園は五時までで、四時半以降は子どもだけでは入れてはいけないという規則があります。でも、その二人がどうしても入りたいと言うので、元さんという人が入れてしまいます。ところが、閉園間際まで帰ってこなくて、池の近くで見つかるという話です。元さんは、その二人のお子さんのお母さんから、よく入れてくれましたという感謝の手紙をもらいます。もう一通、働いていた会社から、規則を破ったからという懲戒処分の手紙をもらうのです。二通手紙があるから「二通の手紙」というわけです。この教材を使って、こんなことについて考えてみましょう「T：懲戒処分というのは学校の先生にもあるけれど、会社や役所などの決まりを破ったときに出される、こんなのがあるんだよ。」「決まりを破るとそうなるのか。」「T：それじゃ、規則は何のためにあるのか四人グループで話し合ってみよう。」というような続け方を、問題解決的な学習だったらやってみたらどうかと提案したりしています。また、ほかの教材でも同じような形で考えさせています。ただ、問題解決的な学習で道徳の授業を組み立てていくのは、まだそれほど盛んではないし、教材そのものも少ないので、もっと準備する必要があると思います。

もう一つ大事なことは、普通の定番のやり方を理解しておかないと、問題解決的な学習や道徳的な行為、ロールプレイなどを入れても、急にはなかなか難しいです。初めは基礎編をしっかり身につけてからやるように言っています。評価については、また後で出てくると思うので、その時に話します。最後に、ワークシートを活用して、評価を考えているような状況です。

いずれにせよ学校現場では、道徳を今まである程度勉強してきた人は、逆に質的な転換ということが国から出てきたことで惑わされてしまって、真面目に一生懸命に勉強して、どうしていこうか考えています。少し不安もあるでしょうけれども、基礎・基本が身についているから、今までのやり方から抜け出さなければならないということを考え、準備を始めています。勉強していない人の場合は、先ほど言った道徳科の特質に合わないような授業を実施していることも、少なからずあるかもしれません。以上で私からの話題提供とさせていただきます。

座　談　会

岡田：それでは座談会を始めたいと思います。まず、道徳の時間が教科になった理由から話し合っていこうと思います。一番大きな理由は、澤田先生のお話にもありました、いじめ問題です。いじめがいつまでもなくならない、それによって子どもが自殺してしまうような事件がずっと続いているということです。そうした悲しい状況をなくすには、やはり道徳教育が必要ではないかという前提だと思いますが、その辺りからはじめたいと思います。木田先生、自己紹介も兼ねて、教員になって、子どもたちのいじめが学校現場ではどのような状況か、話していただけますか。

木田：こんにちは。足立区立第十中学校で教員になって二年目になります。本日はお声がけいただき、ありがとうございます。早稲田大学大学院教職研究科（教職大学院）に在学中、「道徳研究会ＭＯＳ」を立ち上げて、岡田先生と一緒に勉強していました。現在も道徳教育に興味があり、研修会に参加させていただいたりしています。本日は現場の声ということで、道徳の教科化についてどう感じているのか、どういう状態なのか、お伝えできたらと思っています。

現場の感覚では、やはりいじめはあると思います。一〇月にも、いじめについての授業を行いました。いじめはどうして起こるのかというところを、ビデオを観ながら考えました。「いじめられる側にも問題がある」といった考えなど、話していく中で、子どもたちが普段思っていることが、授業の中でも出てきます。生徒たちの一日のスケジュールを見ると、自由な時間がない状態で、いじめなどについても深く考える時間がないのだと思います。そういう中で道徳という授業が一つのきっかけとなって、考える時間となるのは好ましいと考えています。

岡田：考えるきっかけになるということですね。わかりました。由井先生、どうですか。校長として、いじめに対して効果は感じられますか。

由井：いじめは、もちろんどの学校にもあり得るし、本校にもあります。先ほども少しお話ししましたが、まずは生徒指導です。いじめている子に対して、呼び出して直接指導するということです。次に傍観者、周りで見ている子に対する指導をするでしょう。いじめられた子については、話を聞いて、心のケア等をしていくと思います。ただ、いじめをしている子に直接「そんなことはよくないんだ」とか、「相手はどう思うんだ」と言ってみても、傍観者の中からいじめをする子が出てきたりして、先ほどもお話ししたモグラたたきの状態になってしまいます。だとすると、内面的な資質を養うのが道徳ですから、そこでやるほうが予防にもなるだろうし、もっと前向きな姿に変わっていくのだろうと私は思っています。今回、「実効性のある」という言葉が出てきていますので、そういうものを考えさせていくことも大事だと思っています。また、小学校には、今回新しい内容項目も増えて、公正、公平等も低学年から扱います。道徳科そのものの目標や内容に関することも、踏まえていくといいだろうと思います。それから、道徳科の授業そのものが、答えが一つではない、全くの正解というものがあまりないということを、子どもたちが発言を通して学びます。数学のような正解はないわけですから、発言を認め合う雰囲気というものが、いじめそのものを少なくしていくことに役立つだろうと思います。子どもの発言については、たとえ今まで数学が全然できないとか、勉強が仮にできない子でも、道徳科ではとてもいい発言をしたり、自分の本当の体験に基づいた素直な発言をしたりするということが多々あるので、その中で認めていけるようになるのではないかという気がします。学級担任をやっている頃、生徒指導上困ったことをよくする子が、逆に道徳科の食いつきがよかったことをよく覚えています。ですから、効果はあると思います。

岡田：どうもありがとうございました。自己紹介が遅れましたが、大学院の教職研究科（二〇一七年から組織変更により教育学研究科高度教職実践専攻に移行）で教えています。学部を卒業して教員をめざす学生とすでに教職についている先生方を指導しています。もともとは大学を卒業して、公立中学校の数学の教員でした。先ほど由井先生の話にあったように、非常に荒れた時期で、そのとき、生活指導ではとても無理だというので道徳教育を始めたのは、同じです。

ずっと道徳教育に携わってきたこと、教職大学院で働いていることから、最近は道徳の授業が教科になるということで、いろいろなところから講師に呼んでいただいています。去年、おととしと小中連携校で二年間、八回シリーズを担当したのですが、その中で、先ほど由井先生から話が出ました、公正、公平、社会正義を研究テーマとして、取り組みました。公正、公平、社会正義は今まで小学校五年生、六年生から始めていたのですけれども、これからは小学校一年生、二年生から扱います。このため小学校の先生方は、非常に困っていました。ピアジェの発達段階を考えると、自己中心的な段階です。人のことなどは全然考えない年頃の子どもたちに公正、公平をどう教えたらいいのか、小学校の先生方は苦労されていたのです。今回は、いじめをなくしていこうという意思の表れで、小学校一年生から教えていきたいと文科省の方でも変えられたと思うのですが、澤田先生、いかがでしょうか。実際にうまく行っているのでしょうか。

澤田：今回の「特別の教科」化の前の、道徳の時間のときには、先ほど由井先生がおっしゃったように、道徳の時間というのは即効的に効くものではなくて、言ってみれば漢方薬のようにじわじわと、将来に向けて長期的にじっくり育てるというような位置づけでした。今もそういう言葉は学習指導要領に残っているのですけれども。しかし、昨今の深刻な状態は本当に捨て置けないので、現代的な課題であるいじめの問題については、三五時間の中で何時間かは、直接的に取り扱う形になっていくと思います。現在の課題に取り組むとともに将来に向けての長期的な視野も大切にするという二つのことをする形になっていくと思います。「特別の教科 道徳」ではどちらにも取り組むということ、これが「特別の教科」化で求められているところだと思います。最近も、脳科学者の中野信子先生が、『ヒトは「いじめ」をやめられない』というご本を出されています。いじめは、人間の本能的なところに根差している部分もあるといえます。イエール大学の研究では、五カ月の赤ちゃんでも、親切なお人形と意地悪なお人形の人形劇を見せられた後、何も教わっていないのに一〇〇%近くが親切な人形を選ぶそうです。子どもたちに、親切がうれしいという気持ちは生まれつき備わっているわけです。他方で、この時期にもうすでに自分に似ているものが好きで、似ていないものは嫌いだというところも備わっていて、「違う」ことは嫌いで「同じ」ことを求める気持ちもあります。自分と同じでない人を差別してもいいのだというような、誤った考え方を持ちやすく、脳の情動的な部分に根差しているのです。公正、公平、社会正義という価値について、きちんと考えをもたせ、情動を乗り越えられるような子どもに育てていかなくてはいけないのです。しかし残念ながら、ヒュームが言っているように、人間の理性は情念の奴隷であるように思います。最近の研究書だと、ジョナサン・ハイトが書いているように、やはりどうしても情動で判断したことを正当化するように、理屈を使ってしまうというところがあります。人と一緒に生きていくために、何が大事な価値なのかということをよく気づかせないと、自分の情動の部分に引きずられてしまうのではないかと思っています。公正、公平、社会正義という価値が低学年から入りましたので、小学校の先生方も戸惑われていると思います。本来は抽象的な価値への思考というのは、九歳ぐらいからうまくできるようになると思います。低学年のうちから、その年頃なりの仕方で考えさせることが大事だろうと思っています。

岡田：ありがとうございました。内容項目を見ると、一年生、二年生は「好き嫌いはしてはいけない」とあるので、やはり苦労されただろうと思っていました。坂倉先生からも一言どうぞ。

坂倉：私は教育学部を中心に授業を担当していますが、もともとはフランスの哲学が専門だったことから、フィールドワークでも主にフランスの学校を見てきています。ヨーロッパの一つの国にすぎませんが、日本が明治期に学校教育システムを導入する際に、最初のモデルにしたのがフランスです。そういうこともあり、フランスの事情を一つのフィルターとして通して見ると、見え方が違ってくるかもしれませんので、少しお話をさせていただきたいと思います。

明治維新とほとんど同じ時期に、フランスでも義務教育の制度が発足しています。道徳に関しては、従来は宗教の枠組みの中で行われていたものを、「道徳・公民教育」と呼ばれる教科で行うことになりました。何度か名称が変更されましたが、大ざっぱに言うと、社会科の公民科と道徳がセットになる形で行われてきていると言えます。先ほど免許のお話が出ましたけれども、フランスでも特別な免許はなく、初等教育では学級担任が、コレージュ（中学校）では地歴科教員が、リセ（高等学校）では特に定めがなく、多くの場合地歴科教員が担当しています。現行では、初等教育段階で週一時間、中等教育段階で二週間に一時間、学校教育全体で三〇〇時間が割かれています。通常の教科という扱いで、全く問題なく数値化して評価しています。ただし、中等教育修了免状と大学入学資格を兼ねるバカロレアの試験科目にはなっていません。ただ、「道徳・公民教育」という名称は少しやっかいです。「公民」と訳されている civique というフランス語は、辞書を見ると、市民、政治、国家、文明、礼儀作法などにかかわるかなり広い語義を持っていて、「公民」という訳語でとらえることができるかどうか、難しいところです。また「道徳」と訳されている moral という言葉もやっかいです。同根の mos とか mores という語は、エーティケーという古典ギリシャ語に、キケロが moralis というラテン語をあてて訳したことに由来すると言われていて、さらに語源をさかのぼるとエートスという語に行き着きます。エートスという語を

	Sein （実際にどうあるか）	Sollen （理想としてどうあるべきか）
集団（部族、集落、都市、国家、国際社会）	慣習、習俗、風習、風俗	良俗、風紀
個　人	個性、習慣	品性、品格

図２　エーストの語義

辞書で引いてみると、そもそもは「住み慣れた場所」を意味していて、主に部族の中で一般に行われている慣習を表す言葉でした。派生的に個人にも使われるようになり、しかも実際にどうあるかという様態を表していた言葉が、理想としてどうあるべきかというレベルでも使われるようになったことがわかります。結果的に四つの枠に整理されるような、広い語義を持った語だということになります（**図２**）。

集団というのも、家族あるいは部族、集落という意味から都市や国家を意味するようになり、さらに拡大解釈すると、現在では、国際社会も視野に入ってくるわけです。

私自身は、この道徳・公民教育という教科と衝撃的な出会いをしました。先ほど由井先生から、数学ができない子が道徳の時間にいい発言をするというご指摘がありました。私は二〇〇五年に、パリ郊外の若者たちが大暴れをし、約三万台の車が燃やされたり、あちこちの店のショーウインドウが割られたりした、日本では「フランス暴動」と呼ばれた事件があった直後に、移民出自の人たちが多いと言われているパリ郊外の教育困難校で調査をしたことがあります。多くの生徒たちが勉強する気を見せません。まず座ってもらうことが大変で、座ったからといって黙って聴くものではありません。静かにしていると思うと熟睡しています。ところが、道徳・公民教育の時間は、生徒たちが非常に熱心に、大真面目で議論をしていました。「何なんだ、これは」と思ったのです。ふと、エートスという語の持つ語義の広がりを振り返ってみたときに、私なりに合点がいきました。フランスの道徳・公民教育では、先ほどあったエートスの語の四つの語義のグループが、掛け合わせで議論されていることに気づいたのです。もちろん、現実にあるがままの個人の姿と、理想として目指すべき個人の姿との落差をめぐって、議論が展開されることもあります。しかし、それだけではなくて、現実にあるがままの個人の姿と、理想としてあるべき集団の姿、たとえばそれは地域社会であったり国家であったりするわけですが、それがどういうものなのかというのを掛け合わせて議論するのです。このような議論の枠組みの設定の仕方に、フランスの道徳・公民教育の特徴があると考えます。理想と現実の間に衝突や葛藤があると、議論が活発になります。ずれがあまりないと、それほど活発にはなりません。比較的恵まれた地域の進学校では、あまり道徳・公民教育が盛り上がらないのですが、都市郊外の教育困難校では非常に盛り上がります。これは私個人の限られた経験ですから、どこまで一般化できるかは、さらに調査が必要です。残念ながら、今日、大学はとても忙しくなって、海外でまとまった調査ができるのは、ほとんど三月の数週間だけです。事情が許されて、いろいろな時期に調査ができれば、もっと有効なデータが取れるだろうと個人的には思っています。

なぜ郊外では理想と現実のずれが大きくなるのでしょう。移民出自の困難な家庭で育っているお子さんは、ずっとお父さんが失業状態で、補助金も不十分、本当に食うや食わずという生活を何年もしていたりします。そうすると、この恵まれない個人の現状を前にして、国は何をしてくれているのだという話になるわけです。都市郊外の若者たちを象徴する音楽としてラップがあります。なかにはフランスという国を冒瀆するような過激な歌詞の歌もあり、そのいくつかは裁判で断罪されています。たしかに、汚い言葉がたくさん使われているのですが、よく読んでみると、訴えたいことは単純です。「フランスは、われわれフランス国民のお母さんだろう。なんで自分の子どもをちゃんと守ってくれないのだ」ということです。困難な境遇にある若者たちの異議申し立てを汲み取るかたちで、都市郊外の教育困難校の道徳・公民科教育が展開されていたのでしょう。だからこそ、すごく盛り上がっていたのだというのが、私の見立てです。

以上を念頭に置いて、公民・道徳教育の内容を少しだけ見てみたいと思います。フランスでは、フランス国民が祖国愛を持つということが議論になることはまずありません。そんなことは当たり前ではないか、という話になります。ただし、祖国愛の表れ方がどうであるのか、あるいはどうであるべきかということは議論になります。フランス共和国は何を目指しているのかというと、当初はフランス革命の自由、平等、博愛の精神を広めるというところから始まって、現在では人権ということが中心になって構成されています。それから政治的な仕組み等、社会生活などについて学びながら、共和国の価値を子どもたちが共有します。要するに集団としてこういう実態があるのだから、個人としてどうあるべきかという文脈で、責任ある市民のあり方が問われるのです。このような枠組みの中で、さまざまな立場の人が一緒に生きるとはどういうことなのか、考えます。たとえば、「障害のある状況にある人たち」、言葉が違う人たち、肌の色が違う人たち、宗教が違う人たちと、どのようにして一緒に生きていくのかということが問題になっています。

このように見てみると、日本でいろいろ議論されていることが、フランスでは議論されないということがわかります。道徳教育の成果を評価するのは当たり前ではないかということになります。その一方で、日本で議論されないことがフランスでは議論されます。このように、外国と比較してみることで、私たちが普段当たり前だと思っていることが、必ずしも当たり前ではないのではないかと気づくことがあります。さらにタイプの異なるいくつかの国を比べてみると、日本で議論されていることがもう少し整理できるのではないかと、考えています。

岡田：教育困難校では子どもたちがたくさん発言をして、議論が深まるということでしたが、木田先生は、大学院時代の実習で、下町の非常に大変な中学校で二年間頑張りました。二年生四クラスの授業を全部一人で担当しました。先ほど澤田先生から、自己を見つめて多様な考え等を議論していくという形が示されたと思いますが、実際に現場で、話し合いはどんな状況でしたか。

木田：道徳の授業を持たせてもらって初めにやった授業は、ワークシートを使ってグループワークをさせたのですが、ワークシートに書かれる言葉がすごいのです。たとえば家族愛についての題材については、最初のほうに「母の反撃」という資料があります。それを使ったときには、最初の質問で母親の気持ちを書くというところが全く書けない、書いたとしても汚い言葉が並んでいたりと、本当に大変だと感じました。ただ、最初は汚い言葉が並んでいたり、全く書けないということがあるのですけれども、友だちとのグループワークでの対話を通して考え方が変わったのではないかというのは、少しワークシートから読み取れる場面もありました。ですから、全く効果がないかと言われると、私はそうではないと思います。子どもたちの様子を見て、最初は拒否して、もう話したくもないという態度を取っていた子でも、友だちと話していく中で、「ああ、そういう考え方もあるんだ」と、友だちの意見をワークシートに書いたりというような、心の変化を見ることができました。ただ本当に最初はとても大変で、なかなか入っていかないというのは感じました。

岡田：由井先生、山の手の落ち着いた学校では、子どもたちの様子はいかがですか。

由井：書かせると、たくさん深いことを書きます。でも、自由に発言させるような状況のときにパッと議論が深まるかというと、まだそうではないです。だいぶ教員が工夫をして、書かせたことのよいものを取り上げて、道徳の通信にして、名前は載せませんけれども、出すことで、こういう意見もあるのだということを、子どもたちが振り返ることができてきています。そして、その中身の深まりがわかるようなことが、できるようになりつつあります。第二学年は、ローテーション道徳といって、副担が三人いるので、三学級を六人で授業を回して、担任は必ず自分のクラスに入るという形を取っています。一人の副担任が三クラスを同じ教材で授業したときに、道徳通信そのものも副担任が書きます。年三五時間しかないので、道徳をうまくできる教員はそれほど多くありません。同じ教材を三クラスなり四クラスやると、授業がより上手になるだろうということは、実感として見えています。

岡田：澤田先生にお聞きしたいのですけれども、私は校長のときに、全日本中学校道徳教育研究会の事務局の仕事を一〇年ほど行いました。地域や学校によって道徳教育への取り組みに差があるとてもあります。行っているところは行っているのですけれども、研究会もないような地域もあります。先生は全国を回っていらっしゃると思います。今話があったように、道徳の授業が活発にできているところと、できていないところを、いろいろ先生は見ておられると思いますが…。

澤田：先ほど話題になったエートスの、習俗的な部分で感じるのは、地域社会が元気なところで道徳教育が活発です。地域の方々にゲストとしてたくさん参加していただいたり、地域社会が元気で、この地域のよさはここだというものを持っているところで、道徳教育が盛んだという印象があります。これとは別の話になりますが、道徳の授業がうまくいっているのは、先生の意図を読み取り、先生が望む答えを探すというところから生徒たちが離れていることが必要です。問いに対して生徒たち自身の考えを話す、そうした友だちの意見が聞けて楽しいという感想が出てくる学校では、道徳教育が盛んになっています。中学生になると、能力差の問題から活躍できる人が限られてきます。道徳の場合には、気の利いた答えでなくても、本当に実感が伴っているような発言には生活経験を背景にした説得力があります。そういうときは「すごいな」と、教室の雰囲気が変わるものです。普段認められる機会のない子が生き生きしてきます。本当は授業の中で誰もが活躍したいと思っているのです。なかなかそうはいかないので、道徳の時間は、そういう生徒たちにとってこそ活躍できるような時間にしないといけません。質的に改善するというのは、何か難しいことを言わせ、書かせることではありません。教科等では活躍できない子が活躍できる授業にしていただきたい。それが私の願いです。

坂倉：ただいまのご発言は、大変心に沁みるところがあります。子どもたちの生活体験や実感に基づいて議論をすれば、確かにいろいろな可能性があると思います。けれども、もう一方で、コントロールが難しくなることもあるかもしれません。大枠として子どもたちが学ぶべき項目は、学習指導要領に書かれているわけですが、それがまんべんなくできるのかという問題も出てきます。私はフランスのことしかわからないのですけれども、フランスでは、教科書は存在してはいるのですが、どの教科についても資料集というような位置づけです。とても分厚いのです。最近では、教科書が重すぎるということが、子どもたち、特に小学生の健康問題として話題になっています。それくらい厚くて重いのです。その代わり、全部まんべんなく扱う必要はなくて、教師の裁量で虫食い状態の使い方をしています。日本の場合は年間計画を立てて、教科書をまんべんなく学習するというところがあります。道徳に関しては、私は小学校の教科書をようやく目にしたところなのですが、項目的に並べてあると思いました。これをまんべんなくやろうとすると、今先生がご指摘された生活体験や実感に基づいて議論を深める授業というのはなかなか難しいのではないかと思うのです。道徳に関しては特別な教科ですので、教科書は存在するのですが、その運用については、特段の取り扱いを考えていらっしゃるでしょうか。

澤田：特別の教科ですので、他の教科等の教科書とイメージは違うと思います。小学校の教科書を実は見ておりません。調査官の立場は採択に影響を与えてしまうからです。小学校の採択は終わったので、見てもよい局面に入っているのですが、次回の改訂も見越すと、予断を与えてしまうことがないように、拝見できないのです。おそらく副読本の影響もあるでしょうから、物語的なものが中心で、普通の教科書のイメージとは違うと思います。何を検定しているかというと、道徳の内容項目がきちんと入っているかです。三五時間に対して二二項目です。ただし、一つの教材に必要な内容が全部入っているとは限らないので、扱うべき教材はそれより多くなります。まだ始まってもいない状況です。由井先生がおっしゃったように世代交代も激しいので、道徳の授業に慣れていない教員もいます。まず基本を身につけていただいて、特別の教科の特質を踏まえられるようになってから、よく「守破離」といいますが、まず「守」の段階を通ってから、破り、離れるという段階に行くのではないかと思っていますが、由井先生いかがでしょうか。

由井：私も同じ意見です。内容項目の教科書の扱いに関しては、中学校は二二項目になり、それを三五時間の中で教えていきます。三五引く二二の時間は残っているわけですから、学校が大事にする内容に多くの時間を割くことになると思います。

坂倉：そのような指導を踏まえての評価ということになるのでしょうけれども、それも現場ではなかなか難しいというお話がありました。木田先生、お考えになるところがありますか。

木田：教員の間でも、評価の仕方をどうしたらいいかというところが、なかなかわかっていない部分が多いです。職場の先生方と道徳の教科化について話すと、まず最初に出てくるのが評価にかかわる問題です。教科化にともなって、どのように評価していったらいいのかがわからないということが、先生方の中では大きな悩みになっていると思います。記述式といわれても、どういうふうに書けばいいのか、またそれが保護者の目に触れて、家族で見たりすることで何か問題が起きるのではないかなど悩ましい部分だと思います。成長の様子を評価していくという方法も、教員の中でわからず、実際に誰も教えてくれません。すぐに教科化が待っているわけで、そのやり方を、忙しい中どうやっていくのかというところも、まだ教員の中で理解できていない状況にあり、不安な点だと思っています。

岡田：このような不安に対して、ベテランの校長先生からアドバイスはありますか。

由井：先ほども話したように、指導をしていけば、評価もうまくできるようになってくると思うのです。道徳の評価は、観点別評価や数値による評価ではないので、他の教科と違います。子どものよいところを認めて、記述式で書いていきます。よいところはどういうところか考えてみると、たとえば友情という価値に関して、今までは友だちがいいと思うことをやってあげることが友情だろうと思っていた子が、道徳科の教材を通して発言や記述に触れ、「友だちにとって耳の痛いことであっても、それがこれから先、友だちのためになることであれば、そういうこともやっていくことが大切なのだということがわかった」と発言したりします。本当に心から言っているのかはわかりませんけれども、そういう言葉が、学習を通して発言や記述の中に出てくるのは、道徳科の指導で子どもが伸びた部分だと思います。授業時間内にすぐそうなるとは限りません。友情という価値に関して、年間指導計画の中で二つの教材でやり、二つ目の教材でこのように考えられるようになりました、ということになると、子どもの伸びを認めることができたと言えると思います。一つの例ですが、そういうことになるのだろうと思います。うちの学校ではまだ、通知表の所見に道徳科の評価については記載していません。前の小学校は東京都の推進校ですので、試験的に何人かの担任は書いていました。今言ったような、「何々という教材の学習では、考えをこのように深めている場面がありました」というような書き方をしていました。

岡田：評価については私も発言したいことがあります。私は教職大学院の教員なので、将来先生になる学生を教えていまして、道徳教育だけを担当しているわけではありません。むしろ、道徳教育を教えることは珍しいほうで、ほとんどは実習指導を担当しています。実習校の中には大変な困難校もあります。勉強する気がない生徒がたくさん集まっている、先ほどのフランスのような学校で実習する学生もいます。そのような実習の中で昨年、学生が評価の研究に取り組みました。評価自体を変えていくことが今の日本には必要ではないかと、強く感じています。ここにいらっしゃる皆さんは、評価と聞くと、頭にすぐ浮かぶ言葉は成績ではないかと思います。そういう考えは、そろそろやめたほうがいいと私は思っています。深い学びをしていくために評価があると思います。アセスメント・フォー・ラーニングという形で、評価を考えていかないといけないのではないかと私は考えています。たとえば、道徳の授業であれば、考えて、議論することによって、多様な見方や考え方を知り、それによって自分の考えが深まっていきます。自分自身はどう捉えているかメタ認知も進んできます。そのような授業を行い、先生からフィードバックするとともに、生徒自身にも学習を振り返らせることにより、自然に評価につながってくるのではないかと思います。もっと言うと、評価自体が子どもの学習活動になるような授業を、これからは作っていくべきではないかと考えています。

坂倉：私は岡田先生とはかなり違う考えを持っています。フランスでは、各教科を二〇点満点で数値化して評価しています。道徳・公民教育についても、他の教科と何も変わりません。先ほども申し上げましたように、エートスという言葉の、枠の違うところの掛け合わせで議論が成立します。議論の妥当性は知育の枠組みで評価できます。物差しが当てられるところで評価する限り、数値化は技術的に可能です。ところが物差しが当てられないことを評価しようとすると、とたんに数値化できなくなります。先ほど記述式という話があったので、私はとても心配しています。私が小学生の時の通知表を見てみると、所見欄には、「落ち着きがない」、「黙って座っていられない」、「人の話を最後まで聴かない」と、ろくなことが書いてありません。ところが最近の小学校の所見欄はそうなっていないらしいのです。「落ち着きがない」は「多様な関心を持っている」、「騒がしい」は「活発な」などと変換するのだそうです。ネガティヴなことを書くと、数は少ないかもしれませんが、過剰に反応される親御さんがいらっしゃるので、その対策なのだそうです。これが一般的な傾向だとすれば、記述式で道徳を評価すると、どうなるのでしょうか。

澤田：道徳については、個人内評価で「認め、励ます」という形になっています。その子のよさ、学習状況を認め、励ます、ということです。全教育活動を通した道徳教育のうちの行為的な側面は、道徳科の時間からは除外されていて、認知的な側面と情意的な側面が中心になりますが、認知的な側面だけを切り離して評価をつけるわけではないのです。先ほど、ぐるぐるという説明をさせていただきました（九頁参照）。しかもこれはあくまで学習状況なのです。岡田先生がおっしゃったように、特別の教科であるゆえんというのは、道徳科では評価観をがらっと変えていただく必要があるということだと思います。しかも自分を見つめる特別の教科です。実は一生懸命研究指導をやってくださったところが、数値的な評価をすると、上がらないとか、変わらないとか、下がったと、皆さん悩まれるのです。ところがうまくいっているところというのは、実は下がりがちなのです。子どもたち自身が自分自身をよく見つめると、自分の物差しのほうが上がってしまうので、下がってしまうのです。下がった、下がったと悩まれるので、「それは先生方が一生懸命頑張った証拠ですよ」と申します。今までの評価観とは全然違うのです。そういう意味では、間主観的に妥当性を追求せざるを得ない難しさがあります。認め、励ますためには、子どもたちに「よくそこを書いてくれた」と響かないと駄目なところもあって難しいです。評価観をがらっと変え、他の教科とは違うと考えていただく必要があると思っています。

由井：澤田先生のおっしゃるとおりだと思います。通知表のことが出ていましたが、今頃、小学校の教員は本当に遅くまでかけて通知表の所見を書いています。変換表があるかどうかは別ですけれども、大抵二学期の通知表だと、小学校は一〇月に運動会があるところが多いので、「運動会では友だちと励まし合いながら、これこれがうまく進むように何々をしていました」というような事実を書き、そして最後に、集中力がないのであれば、「より先生の話をよく聴くようになれば、こうこうなるでしょう」というような書き方になります。なりたての教員は、最後のところが書けないのです。自分の考え方が入ってくるからです。なりたての教員というのは、事実だけを書いて終わってしまう場合が多いです。そうすると校長に、もっときちんと自分の考えを書けと言われて、大変悩んで、また遅くまで仕事をしてしまうのです。

坂倉：若手の教員としては、いかがでしょうか。

木田：私はまだ副担しかやっていませんので、所見は書いていないのですが、職場の先生方が苦しんでいるのはよく見ています。やはりどう表現するかというのを考えるところがあります。

坂倉：多分着地点はないのですけれども、ずっと浮遊しているわけにもいきませんので、この辺りで一〇分ほど休憩を取らせていただきたいと思います。その間に、お手元の質問紙に記入して提出いただきたいと思います。後半部分の座談会では、質問紙の質問を優先しつつ、フロアの皆さまのご意見も含めまして、座談会をもう一時間ほど続けたいと思います。

（休憩）

坂倉：それでは再開します。たくさんのご質問をいただきまして、一問一答形式で答えていくと、日付が変わってしまうのではないかと思われます。苦肉の策なのですが、全部は取り上げられませんので、皆さまからいただいた質問を踏まえた上で、登壇者がそれぞれ一つずつトピックを選んで少しお話しいただいた上で、それぞれのトピックについて登壇者が簡単にコメントを加える形にします。最低でも五つのトピックを取り上げることになります。これでほぼ時間が来てしまうのではないかという見通しです。それでは、木田先生からお願いします。

木田：質問の中にありましたのが、評価されるとなったときに、本当は心の中で思っていないのだけれども、ワークシート等でこう答えればいいのでしょうという子どもが出てきた際に、どう対応するのがいいのかということです。私の職場でも、これがやはり気になるところです。教科化になって評価されると、やはりいいことを書けば、記述でもいい評価が返されるのではないかという心配もあります。内面のところなので、ワークシートを見て、それが本心であるかどうかという判断は難しいと思います。だからこそ、授業中の発問で深く聞いていくことで、本心で思っていることを引き出させることもあると思います。グループワークでいいことを言っていく中で、逆に反対の意見が出てきたときに、さらにここで考えが深まるという場面もあるのではないかと思います。ただし、今の道徳で、ワークシートにいいことを書いて終わりにしたり、あまり理解せずに、みんなが言っているよさそうな言葉を書いて出すということも、やはり見られます。その子の中で、これがいいと思って選んだ言葉なのであれば、それもその子の評価に値するのだろうと思います。やはりそういう子が出るのではないかという心配も、現場ではあります。その点を詳しくお聞きしたいと思います。

由井：今の評価の話で、先ほど私も、ワークシートに書いたことや発言が、全てその子の本心なのかどうかわからないこともあるとは申し上げました。ただ、そのように書いたのに、それを教員がつかまえて、「日頃の行動と全然違うだろう。本当にそう思っているのか」と言うことは、やはりできないでしょう。その場で子どもが書いたという事実は事実なのですから、そこを評価していくのだと思うのです。私が今まで実際に授業をやった中で、教員が「日頃と違うじゃないか」とは言えないけれども、子ども相互で言うようなときがありました。ロールプレイのときに子どもが返した言葉が、いつもと何か違うことに気づきます。常にロールプレイをやれというわけではありませんが、三五時間の内何時間かの中で、そういうことが子どもの中から出てくることで、その子にとっての本心を表現するようになっていくのではないかと思います。

澤田：教育は、素質として宿っているものと、私たち教師が関わる教育活動との掛け合わせだと思います。その点で、今までその生徒がどういうふうに行動してきたかを問う「信用」から離れる必要があると思います。信じるということには、その生徒がそれまでどうであったかは忘れて、その生徒が言っていることを信じ、その生徒の人間性にかけるというようなところが必要です。人間関係の不思議なところですが、その人がそうあると信じたものが、その生徒の中に育つという側面があります。教師がその子の中によいものを見出したときには、よいものが育っていくというところがあります。そういう意味で、認め、励ます評価をしていただければ、その子が変わってくると思います。道徳の時間でそうした効果が表れたところがあるのか、というご質問をいただきました。もう道徳の時間の評価を一〇年以上続けている学校があります。よい形でやっていただいています。成果が出ている学校は存在します。指定校の中には、残念ながらうまくいかないケースもあります。うまくいくケースは、目の前の生徒たち全員を受け入れて、ありのままの姿を見せてくれたところです。公開した時には、お世辞にも立派とは言いづらいのですが、その後うまくいくのです。階段にたむろしている男女がいたり、途中で入って来て、途中で出て行くような生徒がいたりして、その生徒に校長先生が「あいつは今日授業に出てくれて、一五分座っていてくれた」と評価して言うのです。そういう学校はよくなっていきます。ところが、表面的にはうまくいったけれども、自主的に保健室に行ってしまう生徒が多くいたり、休みの生徒が増えたりした学校はうまくいきません。それは生徒たちの持っているよさを、信じたかどうかということだと思います。体裁にとらわれていては駄目なのです。その生徒のことを考えていたかということが、その生徒に通じるのです。評価はそういうところとつながっていると思っています。

坂倉：評価をめぐって、私にも質問が来ています。先ほど、フランスでは議論の妥当性を評価しているのだと申しました。そうだとしても、先生自身の価値観によって評価が左右されるのではないか、先生にも癖があるのではないか、というご指摘がありました。教員の価値観によって評価が左右されるところが全くないとは言い切れないのですが、評価としてはほぼ誤差の範囲におさまると考えます。フランスでは心情の教育には踏み込まないからです。コンドルセという人が一八世紀の末に公教育プランを作りました。明治時代の学制のモデルになったものです。コンドルセ以来、フランスの学校では知的な教育を問題にします。ここでいう知的な教育のめあては、知識の量ではなく、判断力の健全さにあります。学校は、まっとうな判断力を形成する場です。どう生きるかという心情や道徳的主体性を身につけるのは、家庭です。このように、学校と家庭で役割分担したのです。知育としての教育は、議論の妥当性を形式的に評価しますので、教員の個人的な価値観は、評価にはほとんど影響しないと見なすことができます。ただし、最近は少し様子が変わってきました。道徳的な心情を教育しないのだと言ってきたフランスの学校が、そこに踏み込もうとしているような所作を見せるようになっています。一部の家庭で教育力が著しく落ちていることへの対応です。この文脈で参考にしているのが、日本の教育らしいのです。いずれ、しっかり調査をして論文にまとめたいと思っています。この場では、ただ、評価すべき事柄のフレームが、日本とフランスでは違っているのだ、ということをお伝えしたいと思います。

岡田：評価については、先ほど話したように、やはり考えを変えることが必要だと思います。先生は子どもの心の中は見えません。皆さんは私が今ここにいて何を考えているか、わからないですね。早くやめて酒を飲みに行こうと考えているなどと、誰も思わないのです。授業の中で、子どもたちに評価活動をさせることで心の可視化を図ることが大切です。週末に自分の学びを自己評価するとか、話し合いの中で自分の考えが友達に認められたり、友だちの意見を聞いて自分にはないすごい意見だなと感じたりするような相互評価が必要です。そのような子どもたち自身が納得している評価を記入してあげれば、評価はそんなに難しいことではないと思っています。

由井：いじめのことが質問として出てきています。教科化の契機となったいじめについての対応として、効果があるのかということです。先ほどお話しさせていただきましたが、効果はあると思うのです。これは文科省から出ている『私たちの道徳』で、小学校低学年、中学年、高学年、中学校とあるのですけれども、この最後のほうに「卒業文集最後の二行」という教材があります。これは、いじめにぐっと入り込んだ、子どもが読むとつらくなるような教材ですが、そういうところに焦点を合わせています。そして自分ならどう考えるのかということを問うていくのです。

東京都でも、『東京都道徳教育教材集』の中に、先ほど話があった公正、公平、社会正義に関して、「サルくんはだめ」という教材があります。公正、公平、社会正義に関する内容に特化した教材です。いじめについては、道徳科の授業、そして小中学校の学級経営は、とても影響力があります。中学校で学級経営ができるのは、自分の教科の時間、道徳科、朝と帰りの学活や給食指導ぐらいしかありません。小学校なら担任がずっとついていますが、それでも学級というのは雰囲気が違います。そこには子どもたちの意見を尊重するという担任の考え方、行動の仕方が表れてくると思います。それがいじめ防止にもつながっていくと思います。

木田：私もいじめについての授業を今年行う上で、子どもたちのアンケートを取ったりしますと、いじめがどういう行為なのかということ自体が、わかっていないことがあると思います。また、そういうことを考える時間というのが、本当に今の中学生は忙しくてほとんどないという状況です。私の学校は特に忙しくて、朝学習があって、授業があって、休み時間がほとんどなく、放課後は補習に部活にというところで、いじめとはどういう行為をいうのかということを考える暇もなく過ごしているのです。気づいたら、ＳＮＳなどを使っていじめに加担してしまっていることがあります。やはり学校現場の道徳の時間でいったん立ち止まって考えてみること、友だちと話し合い、いじめについて理解を深めて、自分はそういうことをしないという気持ちを持つことにつながって、いじめ防止に貢献できるとよいと思います。今年、体育館にグループごとに座らせて、自由にテーマを与えた中で、いじめの行為はどういうことなのかという話し合いをし、子どものほうからたくさんの意見が出ました。こういう時間が必要なのではないかと、そのときすごく感じました。いじめ防止について、道徳は力があると思っています。

澤田：道徳の授業にしっかり取り組んでくださって、よく生徒さんたちの話を聞いてくださる研究校の感想で共通している表現に、「クラスがしっとりしてくる」という表現があります。人間関係が非常にうるおうというか、そういう雰囲気が出るのだと思います。それはやはり一人ひとりの違いを大事にするということだと思います。そういう授業に取り組んでいただければ、期待できるところがあると思っています。発達段階的に思春期というのは、中野信子先生の本などを拝見しますと、やはりホルモンの働きでアクセルが効いているのにブレーキがそのままという、暴走しかねない危険な状況であると思います。自分の感情にすごく引きずられるのです。攻撃性は、他人にも自分自身にも向けられます。二年間ぐらいで強まっていますので、中学校後半から高校生の初めにかけては、本人自身が考えて気づくということを期待したいのです。しかし、周りにいて教育に携わっている者が、しっかりブレーキ役を果たしてあげることも必要だと思っています。道徳の時間だけでなく、生徒指導の部分と両方でやっていかなければ、なかなか難しい問題だと思っています。道徳科の取り組みも必ず必要な部分だと思っています。

坂倉：私はフランスの大学でも講義をさせていただいていますが、日本のことを話題にしたとき、フランス語ではうまく表現できないことの一つに、いじめがあります。「いじめ」という言葉を、たった一語で過不足なくフランス語で表現することはできないと思います。子どもが育つ過程で、ある程度の小競り合いとか喧嘩は常に起こりえます。それにはそれなりの意味があると思います。痛い目に遭ったり、痛い思いをさせたりしながら、どこまで主張していいのか、どこから先はやってはいけないのかという、大事なことを子どもたちは学んでいると思うのです。やりすぎて、怪我をしたり、好ましくない結果が生じてくることもありますが、しかし全く怪我をせずに育った子どもは、大人になったときにどうなるのか心配になります。しかし、そうではなくて、集団で取り囲んで金品を巻き上げたりする、それもかなり深刻な金額になっていた、などということが報道されています。じゃれて怪我をさせてしまったというのとは違う、意図的に相手を傷つけるようなことも起こっていると伝えられます。明らかに日本とヨーロッパで違うのは、ある限度を超えると、学校の中に警察が介入してくることです。フランスであれば、ある限度を超えると、学校で起こったことでも犯罪として処理されるはずです。ところが、日本の学校では、児童生徒に犯罪者というレッテルが貼られないようにする仕組みがあるのです。その結果、「いじめ」という言葉が便利に使われるのだけれども、その中身が、喧嘩が少し行き過ぎたという程度のものから強盗傷害に当たるようなものまで、とても広いのです。このような言葉づかいは、国際的な視点から見ると異常ではないかと思います。私は、小競り合いから延長して行き過ぎたというところに関しては、学校教育が関わってしかるべきところはたくさんあると思います。けれども、通常の社会では犯罪とみなされるところに、どこまで学校が関わっていけるのか、疑問に思っています。その辺りの仕分けが、これからの日本の学校に必要なのではないでしょうか。

岡田：私のところにも、教育困難校において道徳教育の成果はどうなるかということで、「道徳の授業をすれば、いじめは本当になくなるのですか」という質問をいただきます。私が初めて赴任した学校はすさまじい教育困難校でした。そういう学校を一度経験すると、不思議なことに、全部大変な学校へ行くのです。校長になっても同じでした。特に最後の学校は、教室のドアがみんな壊されている学校で、このような学校で定年を迎えるのかと思い、がっかりしました。そのような学校を立て直すのにどうしたかというと、道徳教育です。校長として三校勤務しましたが、どの学校も道徳教育を行うと、二年ぐらいで見事に変わります。不思議なくらい変わります。なぜ変わるのかをもう少し学問的に研究しないといけないのですが、確かに学校は良くなります。それから、いじめのことですけれども、先ほど脳科学の話が出たように、人間はある面では、誰でもそういったことはやるのではないかと私は思っています。一番問題なのは、いじめをされた生徒が自殺することです。死んでしまうのです。私も子どもの頃、相当いじめられたけれども、絶対に自殺など考えたことはなかったです。今の子どもはなぜ死んでしまうのか、その辺りを考えるべきだと思います。自殺予防教育の実施が求められていますけれども、解決になるでしょうか。私は今、保護司もやっています。ここに付けているバッジは、社明運動という、明るい社会をつくる運動、犯罪者を明るく迎え入れる社会を作り、再犯者を減らす運動を表しています。少年院に行った子どもに聞くと、なぜ悪いことを悪いと教えてくれなかったのかとよく言います。ここまでやったら悪いのだよということを教えられていないのです。たとえば、人間が死ぬということはどういうことなのかというのを、教えられていないのです。今の子どもたちは、核家族化の影響もあり、人の死を見たことがないです。死は病院で起きるもので、子どもにとって身近なものではありません。死の意味すらわからないような状態になっている子どもたちが、非常にたくさんいます。アンケートを取ると、なかには死んでも復活すると考えている子が一割弱いる状態なのです。そういう中で、死とはどういうものかというのを、きっちりと考えさせる授業をする必要があるのです。道徳教育では、生命尊重で命の有限性ということを考えさせますけれども、もう一歩踏み込んで、内容項目の中に、デス・エデュケーションにもとづいた死の内容（死の尊厳）を入れていくことが、本当の意味でいじめの解決になるのではないかと考えています。

澤田：二つ残っていて、一つは検定教科書の問題です。『心のノート』を配布し、『私たちの道徳』を配布し、（児童生徒）全員に持たせました。今回、教科書になって、小学校では少なくとも八社が、いろいろなお考えでお作りになっています。検定の中身は、事実の誤りと、入るべき内容が入っているかです。今の検定制度ですと多様性が担保できます。採択するのは教育委員会と先生方です。検定制度の下に教科書採択をきちんと行っていくことが大事だと思います。これが一点目のご質問についての回答です。検定教科書でないと無償給付できません。教材が全くない状態で授業をしているところが、以前はかなりありました。量的確保の面で検定教科書による無償給付は大切です。

もう一つ、自己肯定感についてご質問をいただきました。自我が育つのは、心理学の最新の研究では、二～三歳と、九～一〇歳と、思春期の時期が大切だそうです。自分というものが膨れ上がる時期と落ち着いている時期が、交互に来るようです。自己肯定感はいつでも必要ですが、特に二～三歳の時期と、九～一〇歳の時期と、思春期、それぞれの時期で大事であると思います。評価との関係もありますけれども、一〇～一一歳になると、大人と道徳的にはほとんど変わらなくなっているのではないかと思います。子どもが何でも知っているという状態に突如なります。死ぬことの怖さを実感するのは、九～一〇歳頃と言われています。教えられるわけではないのに、実感としてわかってくるのです。突然そういう力がついたときに、今までバラバラだったものがパーとつながって、子どもたちは大人にほぼ近い状態になってきます。そこからは、先生と生徒は本当に共に考え、共に語り合わないといけない段階に入ると思っています。

木田：職場で教科書について話したときの不安としては、結局ねらいがあるので、そのねらいに向かって話し合わせたとして、自由が制限されるのではないかということです。この前議論になったのは、「殿様の茶碗」という資料です。殿様がいい茶碗を求めて、それで家臣が薄くて軽い茶碗を持ってきて、これがいい茶碗なのだということで殿様も使うのですが、実際にものを入れると熱くて持てないというので、つらい思いをして過ごしていました。あるとき殿様が旅に出かけたときに、その村にいた人に借りた茶碗が、分厚くて使いやすかった。いい茶碗というのは、使う人のことを考えて作られたものだという話です。最終的にはその薄い茶碗を作った職人に対して、こういう茶碗がいいと話し、職人もそれを聞いて、普通の茶碗を作る職人になったというお話です。「他から学ぶ姿勢、謙虚な心」というのが、副教材の会社が示した項目でした。これが本当に謙虚な心で、学ぶ姿勢なのかというのが議論になりました。結局、殿様の言うことだから従ったのではないかとか、殿様自体も人に言われて判断したのではないかとか、薄い茶碗を作る技術を持っていた職人が、普通の職人になることがいいことなのか、といろいろな意見が出ました。授業で、子どもたちにどう教えていくかというところで、一つの資料についてもこれだけ議論がなされている中で、教科書ができ、資料が渡され、ワークシートはこういうものを使ったほうがいいと渡されて、忙しい中で先生たちがきちんと準備できるのか、作った人の意図のまま授業をして大丈夫なのかと、教員の間で議論になったことがあります。資料について十分に準備する時間がほしいという意見もあります。どういう授業をしていくか、教科書を与えられたとしてどうするのかという点も、すごく大事なのではないかと思いました。

由井：教科書については、優れた教材をたくさん開発していくことが大事で、それができるのは国と自治体だと思うのです。国も自治体も今までのように教材開発を進めていただきたいと思っています。東京都も埼玉県等も作っています。そういうものの中から、教科書に取り上げられ、選ばれるものもあるだろうと思います。また教科書の教材を全てやるのか、学校の実態や地域に合わせて変えるのか、変えるとすればどのくらいなのか、それは各学校で考えないといけない。そういうことも必要だと思いますけれども、いい教材を作り、使っていくことが重要だと思います。特に、いじめに関することや、問題解決的な扱いをするものは、今まであまり開発されていなかったので、開発を進めることが重要だと思います。

もう一つ私に質問があったことです。教科化で、基礎、基本ができている先生はいいけれども、そうではない初任者はどうなのか、ということです。まずは優れた教材を読んでいただいて、ご自身なら何を子どもに聞きたいのか、そして澤田先生も一番最初におっしゃっていましたけれども、子どもとどんなところを話し合いたいのか、議論したいのかという視点で読んでいただけると、どういう指導の仕方をしていけばいいのかを、自分の中でも作り上げていくことができるだろうし、ほかの教師とも議論ができるのだろうと思います。今もちょうどいいお話が木田先生からありましたけれども、そういうこともできるのではないかと感じます。

坂倉：教科書の中身について話し出すと、おそらく年が変わってしまいますので、それはいたしません。ただ、外面的なことから申しますと、日本とフランスで教科書が決定的に違うのが、フランスでは所有権が学校にある点です。各学校に必要部数が置かれていて、この年は誰々さんに一年間貸与、次の年は、次の学年の誰々さんに貸与と、貸与された生徒の名前を最終ページのリストに書くようになっています。ですから、フランスでは、教科書には絶対に書き込みしてはいけないことになっていて、教科書に書かれていることで必要なことはノートに写す仕組みになっています。教育予算の合理的な配分として、どちらが優れているかは検討に値するのではないかと、個人的には思っています。フランスは非常に分厚い資料集のような教科書を作っていますから、もし無償配布していたら、とてもやっていけません。図画工作などは教科書がありません。こうした科目については、教員用の資料から様子を窺い知ることができます。学習指導要領に相当するフランスのプログラムは、日本と比べるとはるかに簡素なものです。抽象的な、こういう能力を身につけさせましょうということが書いてあるだけで、具体的な扱い方は教員に任されています。目当てに応じる三から四の教材と、それぞれの教材を使ってこんな授業展開が考えられるのではないかという提案をまとめた書籍が、教師用に売られています。フランスの場合、教師の裁量の幅が日本よりもかなり広いと言えます。それで、選択的な教材の扱いができるのです。では質の保証はどうするかというと、これは明治時代に日本にもあった制度ですが、視学官が教員の力量をチェックし、指導力不足の教員には適切な対応をするという仕組みになっています。

岡田：私は最近いろいろな学校に講師として呼ばれるという話をしたのですが、行って一番困るのが、話をどのレベルに合わせるかということです。道徳の授業に関しては、木田さんのようにすごく一生懸命やっている先生もいますが、全くやっていない先生もいます。そういう中で、指導、助言をするときに、どこに合わせるのかをまず考えてしまうのです。今回道徳が教科になったことで、教科書ができることは、そのような実態に対して非常に有効なことだと思います。教科書があれば、全くやっていない先生も一応同じ土俵に立てるわけです。たとえば、資料を読んで、その登場人物の行為や考えについて、先生と生徒が意見交換をすることから始めてもいいのではないかと私は思います。そういうきっかけとして教科書が役立つのではないかと思います。しかし今まで一生懸命やっていた先生は、当然それ以上のものができるし、別の資料も使えます。しかし、教科書があることは、ある一定の水準を維持するという面では非常に役立つと思っています。

先生自身の姿勢についても厳しいご指摘がありました。先生に道徳性があるのか、聖人君子のような先生がいるのか、歩く道徳のような先生がいるのか。いないですよね。そんな人がいたら、会ってみたいです。人間は誰しも弱いところ、醜いところを持っています。道徳の授業は綺麗ごとだと時々言われますが、そういう人たちがやるからこそ、深まるのだと思います。澤田先生もお話しになりましたけれども、昭和三三年に道徳の時間が特設されたときに、「人間としてよりよい生き方を求め、先生と生徒がともに考え、ともに語り合う」と述べられています。先生もどうやって生きればいいのかと、子どもたちと一緒に考える時間だと思っていただければよいのです。

それから授業を誰がやるのかですが、原則として担任が担当することになっています。なぜかというと、教育そのものが、子どもと先生の信頼感がなければ、どんなにいい授業をやっても教育は成り立たないからです。そういう面で、よりよい人間関係を持ちやすいのが担任の先生です。もし、信頼関係があるほかの先生がいたら、その先生がやればいいわけです。先ほど由井先生の学校でローテーションという話がありましたけれども、そういうことも当然可能です。実は私は校長のときに、かなり道徳の授業をやりました。校長だと生徒は、私の人間性を一応信用してくれるのです。本当は、高速道路を一二〇キロ以上で走るようなスピード狂の困った人間なのに、生徒はよく聞いてくれて、一緒になって考えてくれます。つまり、先生と生徒の信頼感やよい人間関係が大切であると考えていただければいいのではないかと思っています。

坂倉：自分は道徳を究めたから道徳を教えるのだという人がいたら、神様か新興宗教の教祖に違いありません。数学なら、数学をある程度やったから教えられるのだ、と言えると思います。けれども、道徳については、どういう先生が教えたらいいのか、自信をもって申し上げられないのです。こういうことを真面目に考え始めると、先生がどんどんきつくなってしまいます。それは避けたいと思っています。私は教職課程の授業も担当していますが、今の学生たちは、私が免許を取ったときの倍ぐらいの数の科目を履修しています。スクールというのは、「スコレー」という、「暇」を意味するラテン語から来ているのですけれども、今は全然暇ではありません。「師走」という言葉も、かつては先生は暇な職業で、走るのは一二月ぐらいだという話だったのが、今は一年中走っているような印象があります。私は日本の状況がどうなっているかは、あまり詳しくないのですが、フランスでは、教員のなり手がいないということが大問題になっています。先生の質を上げようとして、いろいろな政策を実行するのですが、やればやるほど先生のレベルが下がっていくということが、大きな問題になっているのです。話は簡単で、いろいろなことを要求すると、優秀な学生がほかの職種へ逃げてしまって、結果的に教職に就く教員のレベルが下がってしまう、という話です。私は、なるべくあれこれ言わないでうまくいくような仕組みを考えたほうが、実質的に教育の質が上がるのではないかという仮説を持っています。教育実践がうまくいかないのは、教員の力量が足りないからなのか、あるいは教員の力量はあるけれども、その力量が発揮できるだけの条件が整っていないからなのか。前者であれば、教員の力を底上げする方策が必要ですが、後者であれば別の方策が必要なのではないかと考えています。事柄によって対応を仕分けしていく中で、結果的に今の教員の忙しすぎる状況が改善されると、道徳も含めて、あらゆる教科の指導の質が上がっていくはずだ、という見立てです。

澤田：親になって、子どもに育ててもらったと思うのです。教師もやはり、生徒によって育ててもらうのではないかと思っています。そこで大事なのは、共に学ぶという姿勢だと思います。フランスのお話をしていただきましたが、日本の教育もフランスの影響を受けている面があります。私は高等学校の倫理を担当しています。フランスのバカロレアでは、「哲学」という、二千語の論述を全員に書かせて、二〇点満点で一二点が合格というすごい試験をしています。その問題がトップニュースになるような国です。それを考えますと、無知の知、そこが出発点で、共に学ぶという姿勢をもってくだされればと思います。人の能力にはそれぞれ違いはあるけれども、教員の仕事は長距離ランナーなので、ずっと学び続ける人にはかなわないし、子どもから学ぶ力のある人にはかないません。日本の教員はやはり世界一だと思っていますので、これを何とか次の時代にもつないでいきたいと思っています。

由井：教員の話で私は常日頃、小学校五～六年から上になったら、内容項目でいうと私より優れている子どもたちがたくさんいると思っています。たとえば節度、節制で、飲み過ぎないとか、あるいは思いやりとか。たとえば、教員は子どもの面倒を一生懸命見ようと思うけれども、最終的に何か決断し、ここからは親がやることと見放すこともある程度あるのではないですか。そういうのも厭わずに面倒を見切る子はいます。私はそういう子たちに学ぶ姿勢で、常に道徳をやってきたつもりです。そこが一番大切なところなのではないかと思っています。

木田：考える道徳に変わるわけですが、それは生徒同士で考えるだけではないだろうと、現場にいて思います。子どもたちの考えを聞きながら教師の側でも考え、学ぶべきところがすごく多いです。教えるというよりも、共に考えることを忘れてはいけないと思います。

坂倉：最後のトピックです。多様な価値観を持った人たちの間で、「納得解」は得られるのか、あるいは、たとえば「幸せとはお金を儲けることだ」という「間違った発言」があった場合に、どうするのかという質問が来ています。私は必ずしも間違った発言ではないと思うのです。「何が幸せか」と問うたときに、「お金を儲けることだ」という答えは、一つの答えとして有りうると思います。ただフランスの場合は、これを集団の姿と個人の姿の掛け合わせで議論しますので、どのような条件の下で、どのような範囲であれば、お金儲けをすることが妥当だと社会的に認められるのか、という議論になるわけで、納得解を得ることは技術的に可能です。要するにフレームのつけかたをしっかりしておけば、価値観にかかわることも、形式的には議論可能なのです。ただ、形式的に議論が可能だということと、実践的な行動力や心情が身につくかどうかは別問題です。これまでフランスはそのことを、学校教育の枠組みでは問題にしてきませんでした。形式的な議論ができる知的な能力が獲得されればよい、としてきたのです。日本では、心情の形成にまで踏み込んでいて、力点の置き方が違います。そこに困難があるということだと思います。

澤田：日本では、心情を中心にしている部分は、もちろんあります。発達の段階的にいうと、低学年よりも以前の段階は、心情の部分を中心にしていると思います。そこから上の段階になると、徐々にそういう部分を少なくして、フランスが目指しているような、よく考えるというところに重点を移していこうと考えています。それは特別の教科化にも表れていると思っています。そういう意味では、フランスの教育からも学んでいると思っています。

由井：納得解のお話ですけれども、教材の中でいろいろなものが出始めています。先ほど岡田先生がスピード違反の話をしましたが、自分の奥さんのお母さんが危篤なので、高速道路をスピード違反をして向かったところが、途中で警察に捕まり、交通違反をしたので切符を切られて時間がかかってしまい、たどり着いたときにはその危篤の方はもう亡くなっていたという内容の、新聞の投書がありました。それに応えた新聞の投書がありました。簡単に間に合わなかったと書いているけれども、実は自分の家族はスピード違反をして事故に遭って、重体になってしまった。規則というのはそういう意味でも大事で、もし重大な事故があったらどうなるのか。そういう内容でした。両者を比較しながら子どもに考えさせるという指導があります。子どもたちは、どう判断していくのかも学ぶでしょう。今までの心情理解一辺倒ではなくなってきます。先ほど申し上げたように、優れた教材をどんどん開発していく必要があるだろうと思っています。

木田：グループワーク等を通して話し合いを進めていく授業では、子どもの中で納得が得られなくてもやもやした状態が生まれることもあります。この発言のまま終わりにしていいのかという場面もあります。そういうときには、教員が踏み込んで、どうしてそう思ったのかと聞いてみることで、授業が動くのではないかと思います。たとえば、自分さえよければいいという発言に近いものが出たときに、どんな教材をどう使っていくか、教員の側で十分に理解させなければいけないということが、私の職場でもよく話題になります。

岡田：学習指導要領にも「多様な」という言葉がたくさん出てきますが、「多様な価値観」と「価値」は、根本的に違うと思います。よくモラルと比較されるマナーという言葉があります。マナーという語は、体の一部である手のラテン語「マヌス」から発生しています。特定の地域、時代にしか通用しないのがマナーです。たとえばレディーファーストは、今の日本では通用しますが、かつての日本では通用しませんでした。マナーは多様なのです。ところがモラルは、世界中の人たちが正しいと考えることではないかと思います。たとえば東日本大震災で日本人の行為を世界中の人が賞賛したのは、それがマナーでなくてモラルだからだと思うのです。こういうことを考えていくと、やはりみんなが納得するものというのは、私はあるのではないかと考えています。それが私の答えです。

時間がおしてしまいました。簡単に総括したいと思います。紹介したいものが二つあります。今日のテーマは「道徳教育の課題と展望」ですが、おそらく展望まで行かないだろうと思い、用意しておいたのです。本日の企画は、早稲田大学教育総合研究所が主催しております。今手元に、その『所報』第二四号（二〇一六年六月発行）があります。前所長の堀誠先生がお書きになった編集後記に、すばらしい文章が載っているので、ぜひ皆さんにご紹介したいと思います。「道徳の時間」が特設されたのは、昭和三三年です。当時は、戦前の修身のように戦場に教え子を送る教育につながるのではないかと反対する人たちもいて、道徳教育がされなかったという過去があります。そうした中で、私はびっくりしたのですけれども、昭和三三年に先立つこと六年前、昭和二六年に、栃木市の小学校の校長先生たちが新しい道徳教育について研究会を行って、考えをまとめていますので、それをご紹介します。古い道徳に対して、新しい道徳という言い方をしています。

「古い道徳は忠孝を根幹としていたけれども、新しい道徳は個人の尊厳を根幹にする。縦の道徳を重視していたけれども、横の道徳を重視する。上下関係の道徳を重視していたけれども、平等関係の道徳を重視する。権力が主となっていたけれども、法秩序が主となる。概念的形式であったけれども、実践が主でなければならない。家族中心に発生した敬愛の精神を基とする道徳が、社会を育成する道徳になる。滅私奉公を最高の道徳と見ていたが、幸福の追求を根本とする道徳とする。犠牲を強要した道徳を、民主社会の形成員となるため合理的な権威に進んで服する道徳にする。徳目中心であった道徳を、ヒューマニズムを基底とする道徳にする。感情が中心であった道徳を、理智を中心とする道徳にする。やらせられる式であったものを自らやっていく式にする」。

これから取り組もうとしている「特別の教科 道徳」に似ているのではないでしょうか。すでに、戦後の校長先生たちはしっかり考えていたのです。民主的で平和な国家を作りたいという願いがすごく出ていると思います。

もう一つ紹介したいのは、私が担当しているある大学で道徳教育の授業終了後、書いてもらった、教員を目指す大学二年生の文章です。「道徳教育って一体何なのだろう。そういう思いから始まった授業でした。小学校や中学校で道徳の授業をあまり受けた記憶がなく、道徳の授業といってもパッと思いつきませんでした。ですが、この授業を受けて模擬授業をやってみて、少しずつイメージが浮かんできました。道徳の授業は豊かな心を育むためにとても大切なものであり、決して欠くことのできるものではないと思います。思春期の多感な時期に道徳の授業で、普段の生活ではなかなか経験のできない感情になることができることは、豊かな心を育む上でとても大切なことです。悲しくなったり、うれしくなったり、せつなくなったり、温かい気持ちになるのが、授業で経験できるということはよいことだと思いました。そのためにも生徒との心の距離を縮め、生徒一人一人ときちんとつながることができる先生になりたいと思います」という文章です。昭和三三年に特設された「道徳の時間」では、民主的で平和な国家を作るという願いが十分達成されなかったのですが、今度「特別の教科 道徳」という形で改めて実施されることになりました。ぜひ本当の意味で道徳教育のねらいが実現されるように、そして道徳教育がこれからもっと広がっていくことを願って、本日の総括としたいと思います。

「早稲田教育ブックレット」№.19刊行に寄せて

町田　守弘

早稲田大学教育総合研究所は、講演会・シンポジウム・研修会等の開催、研究部会の研究活動の支援、「早稲田教育叢書」等の刊行物の編纂・発行を中心とした活動を展開しています。特に講演会は「教育最前線講演会」シリーズとして教育に関わる今日的な課題を取り上げ、専門家とともに追究してまいりました。二〇一八年現在、学習指導要領が改訂され、大学入学試験の制度も大きな変化が見込まれるという状況の下で、英語教育や道徳教育が話題になっています。

シリーズの第二四回では、英語教育に関わるテーマを取り上げました。そして第二六回の講演会は「教科化でどう変わる？　道徳教育の課題と展望」というテーマを掲げて、二〇一七年一二月一六日に開催いたしました。本「早稲田教育ブックレット№.19」は、この講演会の内容をもとに編まれたものです。

このたび道徳が「特別の教科」として位置付けられ、二〇一八年度から小学校で、二〇一九年度からは中学校で、全面実施となります。担当者、教科書、そして評価の問題など、道徳教育に関する話題は多様です。講演会では、登壇した講師がそれぞれの独自の観点から具体的な課題を取り上げ、有意義な話題が提供されました。参加した方々からも講師に意欲的な質問が多数寄せられて、討論も大いに盛り上がったと思います。

このたび講演会の成果が「早稲田教育ブックレット№.19」として刊行されることによって、さらに多くの方々の関心が喚起されることを願ってやみません。講演会のコーディネーターをご担当いただいた坂倉裕治教授と岡田芳廣教授には、ブックレットの刊行に際しても全面的にご協力をいただきました。講演会当日にご登壇いただき本ブックレットにご執筆いただいた方々、編集・刊行に際してお世話になった方々に、深甚なる謝意を表します。

（早稲田大学教育総合研究所　所長）

著者略歴（2018年3月現在）

岡田　芳廣（おかだ　よしひろ）
早稲田大学教育・総合科学学術院教授
略歴：新潟県生まれ。早稲田大学教育学部理学科数学専修卒業後、東京都公立中学校に勤務し、校長として三校一二年、学校経営に取り組む。全日本中学校道徳教育研究会理事・事務局長、東京都中学校長会人権教育推進委員長等を歴任。国立音楽大学非常勤講師、全日本中学校道徳教育研究会参与、東京都中学校道徳教育研究会顧問、日本道徳教育学会会員、保護司。専門は、教育学、道徳教育、学校経営。共著書に、『中学校新学習指導要領の展開　道徳編』（明治図書、二〇〇八年）、『つくってみよう〝学校マニフェスト〟』（教育開発研究所、二〇〇六年）ほか。

坂倉　裕治（さかくら　ゆうじ）
早稲田大学教育・総合科学学術院教授、フランス教育学会理事
略歴：秋田県生まれ。早稲田大学第一文学部哲学科人文専修卒業。卒業論文「ルソーの人間形成論」で小野梓記念学術賞受賞。慶應義塾大学大学院社会学研究科教育学専攻博士後期課程修了。博士（教育学）。日本学術振興会特別研究員、立教大学文学部教育学科専任講師、助教授、教授を経て、現職。専門は、教育哲学、フランス思想。著書に、『ルソーの教育思想』（風間書房、一九九八年、第一六回渋沢＝クローデル賞受賞）、訳書に、ルソー『人間不平等起源論』（講談社学術文庫、二〇一六年）ほか。

澤田　浩一（さわだ　こういち）
国立教育政策研究所教育課程調査官、文部科学省教科調査官、日本道徳教育学会理事
略歴：茨城県生まれ。東北大学文学部哲学科卒業。東北大学大学院文学研究科実践哲学修了。茨城県立高等学校三校に二六年間教諭として勤務し、倫理や「道徳」を担当。その間、図書館情報大学・筑波大学で五年間非常勤講師として道徳教育を担当。平成二二年四月より現職。中学校道徳、高等学校道徳教育、高等学校公民科倫理を担当。一五年ぶりの『中学校道徳読み物 資料集』、『私たちの道徳 中学校版』、『中学校学習指導要領解説 特別の教科 道徳編』等の作成に携わる。

由井　良昌（ゆい　よしまさ）
杉並区立西宮中学校校長、全日本中学校道徳教育研究会会長
略歴：東京都生まれ。中央大学法学部法律学科卒業。都内区立学校教員、足立区・杉並区教育委員会指導主事、八王子市教育委員会指導室長、杉並

区立和泉中学校校長、杉並区立杉並和泉学園学園長を経て、現職。

木田　美友紀（きだ　みゆき）
足立区立第十中学校教諭
略歴：茨城県生まれ。立正大学文学部史学科卒業。早稲田大学大学院教職研究科高度教職実践専攻修了。同研究科在学中、自主研究会「道徳研究会MOS」を立ち上げ、代表をつとめる。